陕西数字博物馆

第二十辑·绥德县革命历史纪念馆

口袋版

陕西文物数据中心 编

陕西新华出版传媒集团
陕西旅游出版社

图书在版编目（CIP）数据

陕西数字博物馆：口袋版. 第二十辑，绥德县革命历史纪念馆 / 陕西文物数据中心编. — 西安：陕西旅游出版社，2016.12
ISBN 978-7-5418-3442-4

Ⅰ. ①陕… Ⅱ. ①陕… Ⅲ. ①革命博物馆—介绍—绥德县 Ⅳ. ① G269.274.1

中国版本图书馆CIP数据核字(2016)第296649号

陕西数字博物馆口袋版·第二十辑·绥德县革命历史纪念馆
陕西文物数据中心 编

责任编辑：	赵禹臣
出版发行：	陕西旅游出版社（西安市唐兴路6号　邮编：710075）
电　　话：	029-85252285
经　　销：	全国新华书店
印　　刷：	陕西龙山海天艺术印务有限公司
开　　本：	889mm×1194mm　　1/64
印　　张：	1
字　　数：	25千字
版　　次：	2016年12月　　第1版
印　　次：	2017年6月　　第1次印刷
书　　号：	ISBN 978-7-5418-3442-4
定　　价：	45.00元

陕西数字博物馆口袋版
第二十辑·绥德县革命历史纪念馆

编 委 会

编委会主任：赵　荣
编委会副主任：郭宪曾　罗文利　刘永宁
　　　　　　　周魁英　钱继奎　贾　强
　　　　　　　齐高泉　呼林贵　强　跃
编委会委员：蔡理华　张晓英　范仲兴
　　　　　　朱新文　李　娟　易　嵘
　　　　　　张　坤　孔　昱　董　梅
主　　　编：邵小龙
编　　　辑：周　琉　程　骋　李雅红
　　　　　　李　卓　张杰奎　吴　旻
　　　　　　张　建　张温馨　张小玲
　　　　　　李　茹　李珏雯　裴　茹

将历史装入口袋
把博物馆带回家

序　　言

　　陕西数字博物馆（网络版）是2012年陕西省政府推出的一项重要的文化惠民工程，是陕西省文物局依托已经建成的陕西馆藏文物数据库资源，着力打造的一个文物数字化展示、保护与交流的专业平台。

　　陕西数字博物馆于2010年开始酝酿筹建，至2011年年底实现了上线试运行，于2012年8月28日正式上线。目前已经形成了虚拟现实馆、数字专题展、临展与交流展、精品文物鉴赏、讲坛与讲解五大特色栏目，它是一座没有围墙的博物馆。

　　2013年12月12日，陕西数字博物馆（移动网络版）正式向公众推出。中央电视台、新华网、人民网、中国网、中国文物网、新浪、腾讯、网易、百度、西部网、陕西传媒网等多家媒体对此进行了报道，得到了社会各界的高度关注，引起了强烈的社会反响。陕西数字博物馆（移动网络版）既是对网络版的补充和扩展，又是一座可以随身携带的博物馆，它的面世让陕西文博事业在移动互联领域有了新的探索，给传统的博物馆增添了无限的生机与活力，让越来越多关注互联网、移动互联网的博物馆爱好者将目光投向陕西，通过新兴手段进一步了解陕西灿烂辉煌的历史文化，为实现陕西的博物馆智慧化迈出了坚实的一步。

你也有机会拥有一座博物馆。在2014年6月14日中国文化遗产日之际，陕西省文物局所属的陕西文物数据中心推出了陕西数字博物馆口袋版。它是一座可以带回家的博物馆，是一座集文字、图片、三维场景和语音讲解于一体的博物馆。我们会不断推出陕西全省博物馆的系列口袋版，如今我们推出的是《第二十辑·绥德县革命历史纪念馆》。

各位游客：大家好！

绥德县革命历史纪念馆位于陕西省榆林市绥德县，筹建于2008年，在原绥德警备司令部旧址的基础上改造而成。纪念馆于2013年开放，总占地6500平方米，展线长800米，展出图片1076张，文物326件。绥德县革命历史纪念馆通过红色文化广场主题雕塑、照壁浮雕、绥德旅游规划展室、民主革命时期绥德著名人物、绥德警备区事迹展、习仲勋与中共绥德地委、绥德籍烈士、抗大总校在绥德板块展出，结合绥德民主革命时期历史特点和旧址遗存的实际情况，严格遵循历史时序线索，采取以专题划分布展板块的方法，力求多方位、广角度、主次分明、详略得当地再现绥德红色革命历程，其中对三五九旅与王震将军在绥德的事迹予以着重展现。

绥德县革命历史纪念馆通过文字、图片、实物、多媒体展示、场景复原等布展手段，形象地再现了革命前辈为民族独立和人民解放事业前仆后继、英勇奋斗的感人事迹和高尚的革命情怀。绥德县革命历史纪念馆正全力打造缅怀革命英雄、继承先辈遗志的国家级爱国主义与革命传统教育基地。

陕西数字博物馆口袋版
绥德县革命历史纪念馆二维码使用说明

通用版（苹果、安卓操作系统均可用）

1. 请扫描上方二维码，可直接进入"绥德县革命历史纪念馆口袋版"主页。
2. 在主页上点击各展厅图标，则可进入相应展厅导览图。展厅导览图中红点的位置表示对应展厅的方位。
3. 点击展厅导览图中红色的圆点，即可进入 3D 虚拟展厅的对应位置，用户可通过浏览器观看展厅内场景及文物。
4. 点击场景中的 ◉ 图标，可见对应文物的图片、文字介绍，同时支持语音播放。

安卓版

1. 请使用浏览器扫描上方二维码，下载并安装"绥德县革命历史纪念馆口袋版"APP。
   （如用微信扫描，请使用浏览器打开）
2. 运行"绥德县革命历史纪念馆口袋版"APP，出现识别框后，扫描展厅导览图或精品文物编码（如 1j47），可缩放识别框至合适大小。
3. 扫描后，对应文物信息将出现在屏幕上。

温馨提示：1. 由于软件较大，建议在 WIFI 环境下使用。
2. 博物馆内展品会定期更新，故 3D 虚拟展厅导览图会与实际展厅展览存在差异。

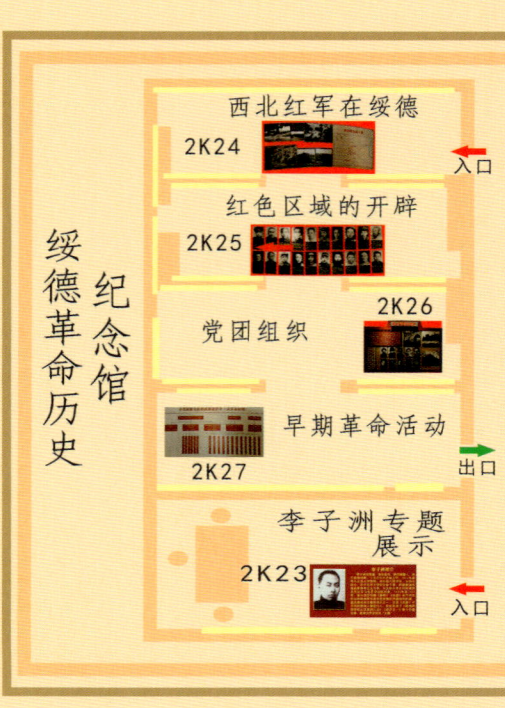

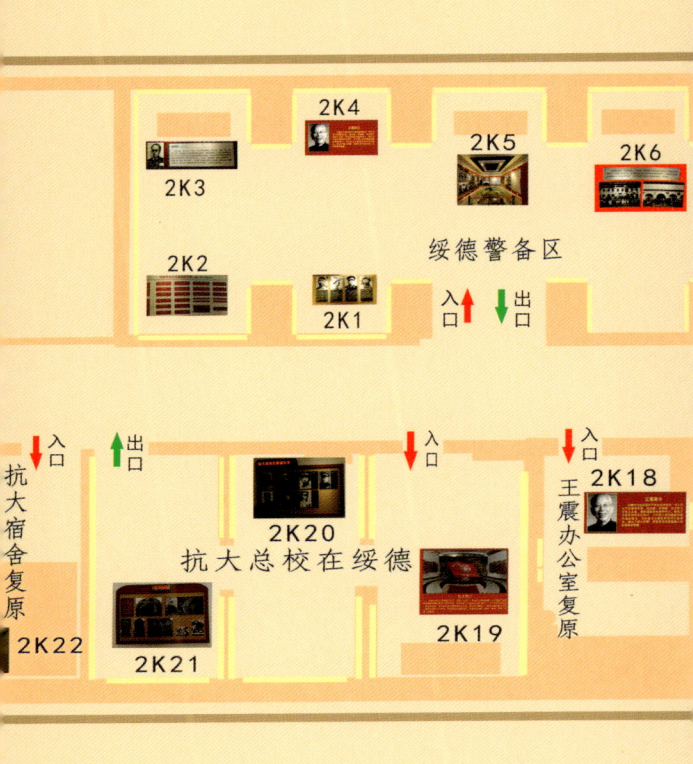

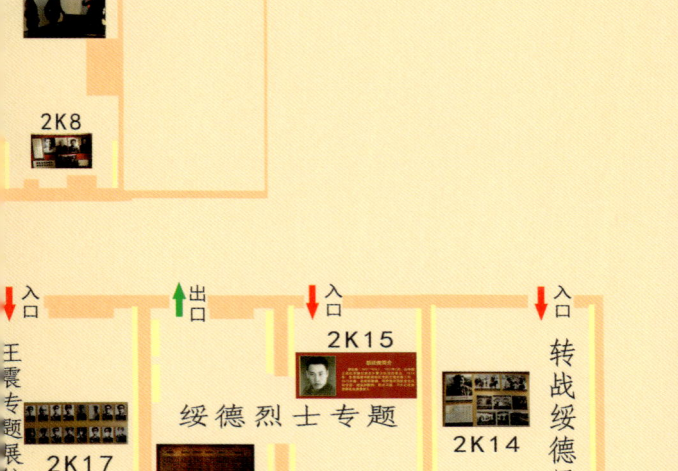

绥德分区

2K9

2K12

2K13

勋办公室复原

【绥德革命志士的群像】 2K28

  这组雕像总高5米。中间是以李子洲、习仲勋、王震为代表的绥德革命志士的群像。两侧的汉白玉浮雕墙，分别展现了绥德早期的革命领导人李子洲领导、启蒙、教育群众的光辉事迹和绥德军民水乳交融、绥德人民支援前线的感人情景。

  雕像后面的门楼以灰砖、手工砖雕、木雕制作而成，高6米多，宽近4米，汲取了绥德古建筑的特有风貌，尽显绥德雕刻的精湛工艺。

【国民党对陕北苏区的军事"围剿"】 2K29

陕北革命形势的迅猛发展,引起了国民党的恐慌。1934年初夏,陕北军阀井岳秀部出动全部兵力约15000余人,发动了对陕北苏区的第一次军事"围剿",绥德是"围剿"的重点区域。井岳秀部到处抓捕共产党员和革命群众,钟巨秀、蔚国正等12名共产党和赤卫队员被残酷杀害。在陕北红军游击队总指挥部的统一领导下,陕北红军游击队很快粉碎了国民党的第一次"围剿"。

第一次反"围剿"斗争的胜利,使陕北红军游击队和革命根据地有了更大的发展。为了彻底"剿灭"陕北红军,1934年10月,国民党调集八十四师进入陕北,发动了对陕北革命根据地的第二次军事"围剿"。在西北革命军事委员会统一领导下的反"围剿"斗争,令高桂滋部损兵折将、穷于应付。蒋介石派国民党西北"剿匪"代总司令张学良、十七路军总司令杨虎城曾三次飞抵绥德、榆林,同毛倪、高桂滋、井岳秀等共商绥榆"围剿"事宜。

国民党对陕北苏区的军事围剿

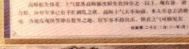

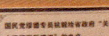

【与何绍南的斗争】 2K30

　　根据国共合作协议,绥德警备区划为八路军募补区,但其行政管辖权仍为国民党所有,国民党陕西省第二行政区督察专员公署仍行使其行政权力。督察专员何绍南坚持反共立场,不断制造摩擦事件,试图排挤警备区内的八路军部队。绥德警备区司令部除加强河防守卫、抵御日军西进外,还要同以何绍南为首的顽固分子做坚决斗争,以确保警备区的安全。

　　一次,何绍南向胡宗南要了个"少将法官"的头衔,为庆贺大摆宴席,陈奇涵应邀出席。席间,何绍南居"功"自傲,耍起了酒疯:"陈司令是什么衔级?"

　　陈奇涵回答:"我们共产党一向不论级别,若一定要论,我也当过黄埔军校的教官,陈诚、胡宗南等都曾是我的学生。不过在我印象中,你好像连黄埔军校的门也没有进过!"

　　何绍南额头渗出了汗珠,酒全醒了……

　　这幅木版画把何绍南宴请陈奇涵时,何绍南自我标榜,借以抬高自己的身价,想捞取压制陈奇涵的资本,不料却贻人口实,让陈奇涵反唇相讥,留下笑柄的场景描绘得淋漓尽致。

【三五九旅与警备区国民党顽固派的斗争】　　2K31

　　三五九旅初到警备区，何绍南便让下属散布谣言，说三五九旅是打了败仗下来的，是无视命令而擅离职守的逃兵，是专门回来对付专员公署的。为此，中共绥德特委宣传部部长李景波和警备司令部政治部副主任王恩茂分别在《抗战报》上发表文章予以驳斥。为了用事实来进一步驳斥，司令部政治部和绥德特委还在警备司令部大操场联合举办"三五九旅抗日战绩展览会"，展出缴获日军的大量战利品和三五九旅抗战的图片资料，让群众及国民党部分军政人员认清了顽固派的真面目。

　　这组仿铜雕塑表现了王震与何绍南斗争中的精彩画面。

　　以王震为首的绥德党政军民与何绍南等顽固分子展开了针锋相对的斗争。何绍南不甘心一次次的失败。为增加对付三五九旅的实力，何绍南南下西安寻求支持。在他离开绥德后，警备区政治部与绥德特委搜集了何绍南的十大罪状，公之于众。1940年2月中旬，何绍南秘密潜回绥德。在警备区党政军民强大的攻势面前，何绍南惶惶不可终日。不久他带上专署和保安队迁往城南二郎山制高点,伺机武装袭击驻扎于东门滩一带的教导营,然后叛逃。不料这一阴谋败露,三五九旅严阵以待,迅速将各地叛乱的保安队缴械。何绍南于2月29日凌晨沿七里铺翻山西逃至镇川、鱼河一带,组织"流亡政府"。随着何绍南的逃跑,国民党在绥德的统治宣告瓦解。3月1日,绥德城群众敲锣打鼓,欢庆绥德解放。

【陕北革命的先驱——李子洲】 2K32

1892年12月23日，李子洲出生在陕西绥德县城关镇。

李子洲的祖父和父亲都是银匠，收入微薄，家境贫寒，李子洲直到十五六岁才上了私塾。他发奋读书，成绩优异，被私塾先生赞为"寒门才子"。

1912年，李子洲为了深造，单装徒步从绥德出发，共走七八百里，历时20多天，来到西安，考上三秦公学。他的老师是受三民主义思想影响的进步知识分子，李子洲在其影响下，阅读了一些反封建、宣扬民主思想的新书，开阔了眼界，开始关心民族命运和国家前途。

1915年5月，袁世凯接受了日本帝国主义妄图侵略和灭亡中国的"二十一条"，李子洲和刘天章、魏野畴、杨钟健等同学，投入反日反袁的斗争。

1917年，李子洲考入北京大学预科，二年后入哲学系。

1919年爆发了五四运动，李子洲积极参加示威游行，被推举为学生代表。他和学生们一起冲破军警的阻挠，包围了卖国贼曹汝霖住宅，火烧赵家楼，痛打章宗祥。

1920年他与魏野畴、刘天章、杨明轩等创办了《秦钟》及《共进》刊物，发表文章，唤醒民众积极奋起。他提出革新教育，改革政治，改造社会，打倒统治阶级，铲除贪官污吏等口号。次年10月，在《共进》刊物的基础上，政治性团体——共进社诞生，斗争锋芒直指陕西反动军阀和封建势力。李子洲为《共进》的出版发行和发展共进社会员做了大量工作，被誉为共进社的"大脑"。

1923年初，李子洲经李大钊、刘天章介绍加入中国共产党。

"二七"惨案发生后，中共北京地方执委会和劳动组合书记部北方分部组织追悼会悼念被北洋军阀杀害的林祥谦、施洋等京汉铁路大罢工领导人。李子洲写下了《施、林"二七"被害诸烈士追悼会感》的挽诗发表于《共进》。同年夏天，李子洲北大毕业后回陕西，先后在三原渭北中学、榆林中学任训育主任和教务主任。

1924年秋，李子洲任绥德陕西省立第四师范学校校长，引导大批青年走上革命道路。李子洲到任后，先后聘请王懋廷、王复生、田伯英、杨明轩、常汉三等进步知识分子来绥德陕西省立第四师范学校任教，同年底，绥德成立陕北社会主义青年团支部。

在榆林中学时期，对保安的刘志丹、绥德的贾春霖、霍世杰、张肇勤，清涧的王怀德、白作宾，延川的曹必达，定边的蒙嘉福，子长的菅尔斌、杨国栋，横山的高岗，米脂的马济川，榆林的杨尔瑛等，积极教导培训，介绍他们加入共进社，组织起榆林中学学生会。这些人在李子洲的教导下，思想大大进步，要求参加校务会议，但被拒绝。时值学校放寒假，刘志丹、霍世杰、贾春霖等来绥德向李子洲请示办法。李子洲为了提高学生斗争情绪，指示实行罢课斗争，提出不达目的誓不复课，终于使校方允许学生会派代表参加校务会议。从此，学生们从学校走向社会，斗争形势逐渐发展，榆林党团组织在此时期建立起来。

【绥德分区的大生产运动】　　　　2K33

　　1943年初,以习仲勋为首的中共绥德地委,积极响应党中央关于开展大生产运动的号召,实行生产自救,各行各业中的劳动英雄不断涌现,受到分区表彰奖励的就有多名,其中有80多人出席了边区劳模表彰大会,受到党中央和毛主席的接见和鼓励。

　　由于绥德分区在大生产运动中成绩显著,1944年冬,毛泽东接见了参加边区劳模大会的绥德分区领队习仲勋和杨和亭。1976年杨和亭重返延安时,在此留影纪念。

【大生产运动中的习仲勋】 2K34

　　大生产运动全面展开之前,刚到任不久的绥德地委书记习仲勋带领调查组深入郝家桥村进行调查研究,发现并培养了劳动模范、优秀共产党员刘玉厚,为劳动人民树立了一面光辉旗帜。

【文教运动中的习仲勋】   2K35

习仲勋非常重视绥德分区的文化教育事业。在郝家桥村调查时,他发现该村文盲很多,儿童失学现象普遍,群众性的文化活动更少。在他的主持下,地委确定了"长远与当前结合,理论与实践结合,学校教育与全民教育结合,公助与民办相结合"的教育方针,推广典型经验,开办夜校、冬学、黑板报,创办读报组、读书会、文工团、秧歌队、讲演会等文化团体。到1943年底,分区各县、区、乡共办冬学905所,参加学习的各级干部和战士达3万多人。

【抗大总校在绥德办学】　　　2K36

　　抗大总校迁到绥德后新配备的领导有代校长徐向前，政委李井泉，副校长兼第七分校校长彭绍辉，副校长兼教育长何长工，政治部主任徐文烈，教育长阎揆要等。初到绥德时，学员们自己动手挖窑洞建校舍，绥德至今还保留着当年学员们自己动手打出的数十孔土窑洞。在此期间，抗大学员积极参加整风运动、大生产运动，开展经常性的文化娱乐活动。

　　1945年10月，为了巩固东北解放区，抗大总校奉命开赴东北，筹建东北军政大学。抗大在绥德的办学虽然短暂，但抗大师生艰苦创业、顽强进取、乐观向上的精神却在绥德扎了根。

中国人民抗日军政大学分布图

陕西数字博物馆手机版二维码

陕西文物之声电台二维码

陕西数字博物馆网上商城二维码